Diário de uma garota que não gostava de legumes

Gisele Domenici

Ilustrações:
Márcia Motta

Presidente: Mauricio Sita

Vice-presidente: Alessandra Ksenhuck

Capa, diagramação e projeto gráfico: Gabriel Uchima

Arte da capa: Márcia Motta

Revisão: Camila Oliveira

Ilustrações: Márcia Motta

Diretora de projetos: Gleide Santos

Diretora executiva: Julyana Rosa

Relacionamento com o cliente: Claudia Pires

Assessoria jurídica: Valéria R. C. Zibordi

Impressão: Impressul

Dados Internacionais de Catalogação na Publicação (CIP)
(eDOC BRASIL, Belo Horizonte/MG)

D668d	Domenici, Gisele. Diário de uma garota que não gostava de legumes / Gisele Domenici. – São Paulo, SP: Literare Books International, 2019. 20 x 25 cm
	ISBN 978-85-9455-225-9
	1. Alimentação saudável – Literatura infantojuvenil. 2. Literatura infantojuvenil. I. Título.
	CDD 028.5

Elaborado por Maurício Amormino Júnior – CRB6/2422

Literare Books International.
Rua Antônio Augusto Covello, 472 – Vila Mariana – São Paulo, SP.
CEP 01550-060
Fone/fax: (0**11) 2659-0968
site: www.literarebooks.com.br
e-mail: literare@literarebooks.com.br

Dedico este livro a todas as crianças e pais que não têm a oportunidade de realizar um acompanhamento psicológico. Que, por meio da leitura, possam melhorar as relações com seus filhos, a partir da proximidade que a história oferece e oportunidades simples de estarem ao lado dos pequenos, construindo um laço de amor e de confiança.

Gisele Domenici

Sumário

Aos pais!

A cada capítulo, incentive seu filho a experimentar o alimento sugerido na história e, assim, escrever a sua aventura nas folhas reservadas ao final do livro.

Esta obra não se trata apenas da alimentação para a saúde física, mas também para a saúde emocional das crianças e de seus pais, pois podemos perceber o quanto o relacionamento entre pais e filhos pode ser construído de várias maneiras.

Uma ótima leitura e uma inesquecível aventura a todos!

Capítulo 1

No dia combinado, Nola e seus pais retornaram ao doutor.

Nola havia feito alguns exames e precisava ver os resultados, pois sua saúde não estava muito boa.

— Bom dia doutor, viemos saber os resultados dos exames de Nola.

Nessa hora, Nola sentou-se na poltrona do consultório médico, encolheu os joelhos e cruzou os braços, fez uma carinha emburrada e pensou...

— (Estou bem, estou bem, não vou ter que comer aquelas coisinhas verdes, isso não...)

Estou bem, estou bem...

O doutor disse para os pais preocupados e para Nola.

— Nola precisa de uma alimentação rica em vitaminas, minerais, proteínas e outras coisinhas para crescer saudável e inteligente, principalmente agora na fase escolar.

Nola lembrou das várias vezes em que sua mãe dizia...

— Filha, você precisa comer verduras e legumes, para crescer e ficar fortinha! Os pais despediram-se do doutor, e no caminho de volta para casa a mãe teve uma ideia e disse para Nola.

— Você não gostaria de conversar um pouquinho com a Gigi, ela é psicóloga, e você já a conhece e gosta muito dela.

— É verdade, gosto de conversar com ela! Com a carinha marota pensou...

"Ela pode me ajudar, quem sabe posso trocar verduras e legumes por sanduíches e pizzas..."

No dia seguinte, Nola foi ao consultório da Gigi, que muito sorridente disse:

— Bom dia minha querida, o que vamos conversar hoje?

Acanhada e, ao mesmo tempo, esperta, Nola se dirigiu à sala, se acomodou no divã fofinho, esticou suas perninhas e contou sobre os exames e as recomendações médicas.

Gigi ouviu Nola atentamente, o que deixou claro o desconforto de ter que comer verduras e legumes. Em seguida, Gigi perguntou...

— O que podemos fazer para resolver esse dilema?

Nola pensou, pensou... e, com a cabeça baixa, não encontrou resposta.

Gigi logo questionou.

— Como você gostaria de provar estes alimentos?

Nola rapidamente pensou em ter vantagens e, com olhos brilhantes, respondeu...

— Eu poderia experimentar só um pouquinho e minha mãe daria um dinheirinho!

Gigi, mais que depressa, respondeu com outra pergunta:

— Em que podemos pensar que é mais importante que o dinheirinho?

— Não sei!

Respondeu Nola, com o olhar perdido.

Gigi, então, sugeriu:

— Você poderia experimentar estes alimentos fazendo algumas anotações em um caderno, como se fosse um diário sobre seu paladar, suas sensações, gostos, texturas, quais as melhores receitinhas que você provou, ou fez para saboreá-las. E, assim, poderíamos, juntas, criar uma história!

Com um olhar radiante, o rostinho de Nola brilhou diante da ideia de se sentir importante, e de ajudar outras crianças. Seguindo as orientações da Gigi, aceitou experimentar os alimentos com o prazer da descoberta, para narrar a outras crianças essa aventura.

— Nos nossos próximos encontros, você trará suas anotações, do que provou das verduras e legumes de diversas maneiras, cozidas, assadas, cruas e temperadas ou não, que darão a oportunidade única de descrever essa experiência!

Nola saiu do consultório radiante com a ideia da história, encontrou-se com sua mãe e, lhe dando um abraço carinhoso, exclamou!

— Mamãe, vou experimentar todos os alimentos, verduras, legumes e tudo mais que preparar. Ah! Também vou aprender a prepará-las, e vou anotar tudinho e a Gigi vai escrever uma história.

A mãe retribuiu o abraço carinhoso com um sorriso de tranquilidade, pois Nola estava motivada a cuidar de sua saúde, mesmo com um jeitinho diferente.

Nola, ao chegar em casa, cheia de ansiedade, só pensava em como descrever seu paladar e sensações nessa aventura, então teve uma ideia fantástica, pedir a sua mãe que pudessem visitar a horta de seus avós, e lá conheceria vários alimentos para a sua experiência.

Sua mãe achou a ideia maravilhosa, pois Nola teria dos avós explicações necessárias, como também as receitinhas deliciosas da vovó.

Nola combina de passar os finais de semana com seus avós, conhecendo as plantações e colhendo alimentos para experimentar durante a semana, fazer sua pesquisa, anotações e imaginar os personagens para colorir esta aventura.

Munida de protetor solar, chapéu na cabeça, uma cesta e uma pazinha, foi cedinho conhecer a horta com seus avós.

Conversando com seu avô, soube que, antes de qualquer plantação, precisaria observar a paisagem, respirar fundo, sentir o vento e o cheiro de terra, conhecê-la bem, pois tudo que é plantado pode nascer saudável e rico em vitaminas e minerais.

Afinal, foi por falta dessas coisinhas que Nola veio parar nesta aventura!

A terra tem que receber água, luz do sol e adubo, deve passar pelo momento de plantação e o de descanso; pela troca de plantação para que renove suas forças, assim como nós.

Rindo e surpresa com tanta beleza, falou para o avô.

— Nossa vovô! Aqui tudo é muito grande e colorido, tudo é plantado tão organizado que parecem soldados enfileirados, um atrás do outro!

Com o entusiasmo de Nola, Gigi sugeriu que fosse criado um personagem que representasse cada alimento, seria um general, um capitão, comandando seus soldados, uma atriz, uma bailarina, e outros que fornecerão as informações e curiosidades para esta historia.

Começaremos com o preferido de Nola e o primeiro de suas pesquisas com Gigi, pois no final desta história haverá uma lista das vitaminas e seus benefícios para a saúde.

Para esta incrível entrevista, apresentamos o General Green, alface crespa, para falar de seus soldados:

— Amiguinhos, temos a alface lisa, mimosa, romana, americana, folhas verdes de vários tons, como uma flor abrindo as pétalas, são folhagens que nascem no chão, a alface crespa tem suas pontas enroladinhas como um vestido de babadinhos! Bem lavadas e fresquinhas, temperadas com sal, azeite, vinagre ou limão ficam crocantes e refrescantes em dias de verão. Não podendo esquecer o pé de alface roxo, (ele é bem tímido rsrs!) também delicioso!

Dizem que um chazinho com folhas de alface acalma qualquer um! Até a mamãe!

Capítulo 2

Comandante Brocolino, imponente, apresenta a sua equipe e nos fala das suas qualidades!

Mais conhecido como Brócolis, apreciado por muitos, tem folhas grandes ao redor de um buquê de arvorezinhas, miudinhas ou de ramas, são bem verdes, também nascem no chão.

Os buquês, se não aproveitados logo, amarelinhos ficarão e, como flores de um jardim, só enfeitarão!

Sempre bem cozidas na água ou no vapor, as folhagens, ou o buquê, macias ficarão, na salada com tempero, com molhinho de soja e macarrão, ou misturadas ao molho branco, todos comem de montão!

Vou contar um segredinho, o comandante Brocolino nos contou que Nola sempre pede estes soldadinhos em suas refeições.

Durante estes dias em que Nola observava atentamente sua aventura, retornando ao consultório de Gigi, foi sugerido trabalhar com massinha de modelar para a criação dos personagens, assim ela poderia se aproximar ainda mais da importância do cuidado de sua saúde de uma maneira mais descontraída.

Capítulo 3

Agora quem surge com um adereço carnavalesco na cabeça, de folhas verdes, é a Senhorita Noura Nanda, que muito esbelta e de cor laranja, ao ser puxada pelas folhagens, aparece sorridente de dentro da terra, como a dançarina Carmem Miranda, esta pequena notável dá um *show* sacudindo a terra e exibindo seu charme!

É a cenoura, que tem uma vitamina importante, o "betacaroteno", bom para a pele, mucosa e a visão, dizia seu avô.

Já ouviu alguém dizer: — Coma cenoura, é muito bom para as vistas, pois você já viu algum coelho de óculos? E caíram na gargalhada...

A Noura Nanda, muito elegante, apresenta seus cardápios e comenta que cenouras podem ser pequenas, gordinhas, miúdas ou compridas, assim como nós.

Nola lavou uma cenoura lá mesmo na horta e com o vovô percebeu, enquanto mastigava, que era crocante e adocicada, depois no almoço, comeu ralada na salada.

Vovó disse que já tinha servido como sopinha e purê, quando Nola era bebê.

Mas o melhor foi a surpresa!

A vovó fez para a Nola um bolo de cenoura de sobremesa!

Capítulo 4

Nola, em seus encontros com a Gigi, realiza pesquisas e anotações, aproveita as dicas dos avós e, principalmente, fica atenta sobre seu paladar e preferências, fazendo descobertas como o fato de pisar na terra, colocar carinho ao plantar ou cuidar de uma sementinha, e isso está lhe trazendo muita alegria também.

Gigi explica para Nola que, nesta aventura, descobrirá muito mais do que ela imagina, inclusive que podemos não gostar de alguma coisa, preferir outra, mas o mais importante é se alimentar bem com aqueles alimentos de que gostamos e que, às vezes, podemos experimentá-los de maneiras diferentes e até começar a apreciar o gosto daqueles alimentos!

Capítulo 5

Voltando para nossa aventura, neste fim de semana, Nola não pode ir ao encontro dos avós, então o papai a levou ao supermercado no setor de hortifrúti, onde Nola conheceu de um jeito diferente seus novos amiguinhos legumes e fizeram as compras.

Mais tarde, pesquisando os alimentos comprados com o papai, descobriu uma plantação onde havia estacas de madeira ou bambu, para que tivesse onde se apoiar e espalhar seus frutos.

Ficou curiosa ao ver um legume bem peculiar, com seu chapéu verde pendurado em um pequeno arbusto, um pescoço fino e que depois engrossava, ficando com uma barrigona. Tem a casca bem lisa, que até brilha no sol, na cor roxa, mas dentro é branquinho, com pequenas sementinhas. Foi logo imaginando um nome para a representante das berinjelas.

Gelinha! Leguminosa gordinha, alegre e divertida. No vídeo da pesquisa, observou que com o vento rodopiava, como se estivesse dançando, pois era diferente de todos os que já tinha visto, até a imaginou usando uma saia de bailarina.

Muito curiosa para saber sobre a Gelinha, pediu à mamãe para experimentar na refeição. A Gelinha foi logo rodopiando e pulando para apresentar suas receitas.

Pode ser preparada com a casca ou não, cortada em pedaços pequeninos, regada ao azeite, sal, também ser assada e servida com pão (se for triturada com mais temperos, é servida como antepasto antes da refeição).

Aqui vão mais receitinhas, berinjela fatiada, bem fininha, que pode ser substituída pela massa no preparo da lasanha, cortada ao meio lembra uma barquinha e se você rechear com carninha ou queijo, ela fica uma delícia!

Capítulo 6

Bem próximo à Gelinha, na pesquisa havia um rapazinho, preso também por estacas ao chão, com bolinhas vermelhinhas e pequenas, era preso pelo chapeuzinho de ponta.

Tornou-se a grande paixão de Nola, pequenino, saboroso, docinho, parecido com uma cereja, considerado fruta, apresentamos o Sr. Tomatito, que nos conta dos tomatinhos vermelhinhos e suculentos.

Foi logo após as compras que Nola, ao chegar em casa pegou alguns, lavou e foi saboreando, ao mesmo tempo em que imaginava o Tomatito falando. — Sou o fazendeiro daqui e minha plantação, apesar de pequena, é forte e procurada o ano inteiro.

Saborosos cru, com sal, azeite e limão, nós, os tomates, acompanhamos qualquer lanche ou refeição.

Nola adora no prato com arroz e feijão que a mamãe prepara, a salada de tomatinhos é ela mesmo que tempera.

(Agora, a sua especialidade é a saladinha de Tomatitos).

Neste momento, entra no pensamento de Nola o Tom, primo mais próximo do Tomatito. Ela também o conheceu logo ali ao lado, na prateleira do supermercado e, mais tarde, em sua pesquisa com Gigi entendendo a necessidade de suas vitaminas.

Tom é um tomate maior, mais robusto e junto dele outros tomates se apresentaram, verdes e vermelhos, também usando chapéu. Todos arrumadinhos na prateleira formavam um batalhão, igual na plantação, onde nascem em penca, uma arvorezinha de tomates.

Nola não conseguia parar de imaginar, ria da situação. Olhava os tomates redondos, um pouco achatados, uns compridos, dependendo da espécie, suculentos e cheios de sementes, avante marchando e fazendo continências.

Tom, um tomate com jeito caipira, dizendo com muita calma.

— Saiba garotinha risonha, tem tomates nas saladas, no molho com macarrão, almôndegas são mergulhadas, o molho também é base sobre a massa das pizzas, para depois completar com os recheios. Temos, no tomate, uma rica fonte de "licopeno", vitamina que faz diminuir o envelhecimento do seu corpo!

— Oba !!! Não vou envelhecer, descobri a fonte da juventude!

Nola lembrou de sua pesquisa com Gigi e continuou a rir da situação que imaginava.

Capítulo 7

Num determinado dia, em um filme que assistiu, viu uma plantação enorme, parecia não ter fim e Nola viu erguer em frente aos olhos colunas e colunas, cheias de folhagens, era um milharal. Nunca tinha visto pessoalmente algo tão grande e ficou radiante. Logo imaginou que se entrasse entre essas colunas nunca mais a encontrariam, pois pareciam um labirinto.

A mamãe que estava ao seu lado comentou que dentro das folhagens verdinhas havia muitos grãos com uma cor linda que parecia ouro.

Nola, ouvindo e vendo tudo aquilo, imaginou uma plantação só para ela e gritou.

— Estamos ricas!

Abraçadas, as duas, mãe e filha riram muito até sentar no chão. Foi bastante divertido.

Quando o filme acabou, Nola e sua mãe foram para a cozinha, pegaram uma espiga e foram retirando folha por folha, puxaram uns cabelinhos bem lisinhos na ponta, e então a grande surpresa, acharam o ouro! Nola gritou de alegria.(lembrando de suas pesquisas) — Este é o Marelinho, guardião do tesouro!

Cheio de dentinhos amarelos, como um pirata, com aqueles cabelos fininhos, descobriu quantas utilidades teria, e a mamãe imediatamente exclamou:

— Com estes dentinhos preciosos, cozidos na água quente, a própria espiga derrete a manteiga e o sal, comum em festas juninas.

E explicou que com o milho também se faz bolo, curau, pamonha, pudins e tortas, uma infinidade de comidinhas saborosas.

Não podemos esquecer, um punhado de Marelinho, na panela aquecida, pula, pula, já é hora de contar, enche um pote de pipoca para outra história começar!

Capítulo 8

Continuando o seu programa alimentar, Nola ficou surpresa em uma nova aventura na horta do vovô, pois puxou folhagens verdes, com cabinhos roxos e lá estava a Bethraba, sua nova personagem! Uma vilã não podia faltar, por onde passa mancha roxa vai deixar.

Fazendo um grande drama, sacudiu suas raízes, para a terra espantar, beterrabas bem gorduchas, Bethraba vai comandar.

Pode ser plantada o ano todo, é levemente adocicada, deve ser muito bem lavada, e cozida com casca, sem a casca ralada crua dá um colorido em saladas, cozida na água, solta um corante natural, pode ser amassadinha para um purê se tornar, misturada com leite, amido e açúcar um manjar gostoso ficar.

Mesmo experimentando mais de uma receita, Nola não gostou muito, mas sabia que isso poderia acontecer, o importante era achar novas maneiras de se alimentar.

Já tinha ouvido falar que atleta toma suco de beterraba com laranja, logo após treinar para mais forte ficar. Deve ser uma magia da vilã para enganar ha, ha, hahhhhhh!

Capítulo 9

Falando em legumes que crescem enterrados, o preferido da criançada pode ser cortado em rodela, pedaços ou em forma de palito.

A Rainha Tata tem o maior exército de hortaliças do tipo tubérculo, a inglesa, arredondada, comprida, a rosa é doce, e muito mais tipos, não tem quem resista à Vossa majestade batata frita. (Hoje em dia, tem panela especial, que deixa a batata frita sem o óleo que faz mal).

Com casca fina ou grossa, assada na manteiga, com um pouco de alecrim, fica *chic* e saborosa, acompanha ave, peixe e carne, em saladas, sopas e purê. Ainda tem pão de batata que, saindo do forno quentinho, chama para acompanhar um delicioso leitinho!

Durante a semana, Nola foi provando mais legumes e estava achando muito legal essa brincadeira, pois estava descobrindo novos paladares e gostos diferentes.

Capítulo 10

Agora o Alimento da vez é a batata doce, mais conhecida pela Nola como Badocita, uma personagem atriz, dependendo da cena, pode ficar triste ou feliz. Também é considerada uma raiz, pois nasce em baixo da terra, ela pode ser roxinha ou beginha por fora e amarelinha por dentro. Nola, num primeiro momento, não foi muito com a cara da Badocita, mas depois provou de uma maneira diferente e achou uma delícia. Como no início de um filme, que ainda não se sabe quem é o mocinho e quem é o vilão!

Quando provar um alimento feito de determinado jeito, isso não significa que você não goste dele, experimente provar em uma receita diferente, como Nola fez.

Capítulo 11

Nola, ainda encantada com tantas plantações enterradas, descobriu uma de nome engraçada, o inhame, que foi logo dando um nome de Nhanham, um super herói, e você vai saber porque...

Embora cresça enterrado, Nhanham precisa de um caule forte, com sua folha em forma de coração, num jardim ou num vaso, sem ninguém perceber, transforma-se em uma linda decoração.

Nola, em sua pesquisa, descobriu que Nhanham tem uma vitamina que ajuda a controlar a capacidade de respostas do corpo ao estresse.

Isso tudo é muito bom, porque Nola estuda bastante e, próximo às provas escolares, cria muitas expectativas e estresse. Super Nhanham na alimentação vai ajudar, o corpo fica cansado e precisa se movimentar.

Capítulo 12

Em mais um encontro com Gigi, Nola sentia que sua saúde melhorava, cada dia mais, tinha agora mais ânimo e disposição, acordava alegre e tudo isso vinha de sua nova alimentação!

Os dias foram passando, Nola estava tudo aproveitando, mas ainda faltavam alguns alimentos para fazer parte dessa turma maluquinha, e quem aparece é a Dona Brinha, uma senhora simpática com flor em sua folhagem grande, que nasce sobre o chão fofinho quando a tratam bem!

Pode ser comprida e também arredondada, com manchas de tons de verde na folhagem é camuflada. É mais um alimento que nesse dia iria provar, cortada em rodelas ou em tirinhas, cozida junto aos temperos, deixava no ar um cheirinho muito bom, mas, na hora de provar, não agradou seu paladar. Preferiu as rodelas empanadas, passadas no ovo batido e na farinha, depois fritinhas no azeite, com uma pitada de sal, ficaram crocantes e saborosas, podendo repetir outras vezes, pois achou muito gostosas.

Descobriram que sua origem é das Américas, popularmente está classificada como fruta, da família da melancia, moranga, pepino e melão.

Muito rica em vitamina do complexo B, essencial para o bom funcionamento do sistema neurológico, vitamina A, para o crescimento e evitar infecções. Aproveitando essas dicas, sempre que possível, Nola pede para ter em suas refeições.

Capítulo 13

Doutor Palmer é um personagem especial, como um médico da família veste um jaleco bem branquinho como fosse cuidar de um paciente, é o palmito. Não é verdura, nem legume, nem fruta. É o miolo da parte de cima do caule da palmeira, de consistência tenra e cor esbranquiçada, comestível em várias espécies.

Nola provou cortadinho na salada, mas não gostou. Então achou melhor provar em outro dia, no recheio do salgadinho, na torta, ou no creme de palmito da mamãe, não foi o paladar preferido, mas cumpriu o prometido.

Descobriu que Dr. Palmer é muito benéfico à saúde, pois fortalece o sistema imunológico, na recuperação de machucados, melhora a qualidade do sono, do sistema digestivo e previne diabetes e doenças cardíacas.

Capítulo 14

Agora Nola quer falar de algo que é preferência nacional.

Ele é redondinho, gordinho e branquinho, tem por dentro uma capinha transparente quando está crú, e uma bolinha amarela dentro. Pode ser cozido, frito, mexidinho, na salada, ou no pãozinho...

Já descobriu quem é?

Não é verdura, nem legume, tem em qualquer banquete.

Nosso querido Ovis!

O personagem é um garoto simples e esperto, quer participar a toda hora e em todo lugar, traz muita energia, pois é muito fácil de encontrar.

O ovo, fonte de colina, isso mesmo, colina, proteína que melhora a memória, a cognição, e ajuda você a fazer os deveres de casa, colabora para que você adquira conhecimento, tem as vitaminas B, B6, B12, D, E, K, ácido fólico, zinco e tantas outras mais.

Quase o abecedário todo!

Que peninha, chegamos ao final dessa história...

Mas ela ainda não chegou ao fim e, neste início, junto com a Gigi, Nola aprendeu a experimentar muitas coisas: como os alimentos são importantes para que nossa saúde fique bem, valores nutritivos dos alimentos, benefícios que eles trazem a nossa saúde, como nascem e como eles vêm parar nos nossos pratos, como podemos preparar tudo com muito carinho, mas além disso também podemos aprender a alimentar nossos corações, nossas relações, estando próximos e dividindo nossas experiências nos momentos mais importantes de nossas vidas e que só podemos sentir tudo isso se nos permitir experimentar.

Até a próxima amiguinhos e BOM APETITE!!!

Fim!

Agora é a sua vez!

Você já conheceu a história de todos os alimentos e fez novos amiguinhos, que tal contar como se sentiu ao provar cada um deles?

Escreva ao lado dos desenhos o sabor, a cor e quais sentimentos teve ao experimentá-los.

Escreva a sua aventura com o General Green Alface Crespa!

Escreva a sua aventura com o Comandante Brocolino!

Escreva a sua aventura com a Senhorita Noura Nanda!

Escreva a sua aventura com a Gelinha!

Escreva a sua aventura com o Tomatito!

Escreva a sua aventura com o Tom!

Escreva a sua aventura com o Marelinho!

Escreva a sua aventura com a Bethraba!

Escreva a sua aventura com a Rainha Tata!

Escreva a sua aventura com a Badocita!

Escreva a sua aventura com o Super Nhanham!

Escreva a sua aventura com a Dona Brinha!

Escreva sua aventura com o Doutor Palmer!

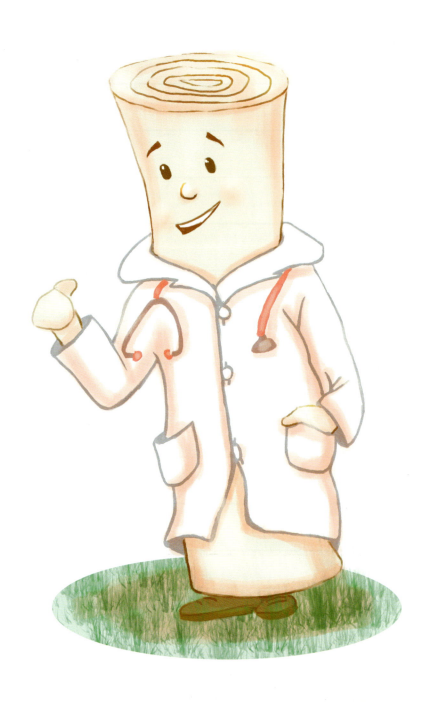

Escreva sua aventura com o Ovis!

Gisele Domenici

Casada há 27 anos, é mãe de dois filhos, uma moça de 26 e um rapaz de 25 anos. Tem um amor incondicional pelos dois, assim como por sua profissão. Sempre está à procura de novos cursos e informações que agreguem ao conhecimento psicológico, se atualizando para melhor atender aqueles que a procuram em busca de mais qualidade de vida.

Site: www.espacodomenici.com

Bônus para os papais!

A pedido da Dra. Gisele, a nutricionista Petra Moraes preparou um informativo com as propriedades dos alimentos citados no livro. Para saber mais, basta escanear o QR Code com o seu celular.